First Picture Dictionary
Animals

اولین دیکشنری تصویری
حیوانات

Pig
خوک

Rabbit
خرگوش

Butterfly
پروانه

Fox
روباه

Illustrated by Anna Ivanir

www.kidkiddos.com
Copyright ©2024 by KidKiddos Books Ltd.
support@kidkiddos.com

All rights reserved. No part of this book may be reproduced in any form or by any electronic or mechanical means, including information storage and retrieval systems, without written permission from the publisher, except in the case of a reviewer, who may quote brief passages embodied in critical articles or in a review.
First edition, 2025

Library and Archives Canada Cataloguing in Publication
First Picture Dictionary - Animals (English Farsi Bilingual edition)
ISBN: 978-1-83416-420-5 paperback
ISBN: 978-1-83416-421-2 hardcover
ISBN: 978-1-83416-419-9 eBook

Wild Animals
حیوانات وحشی

Lion
شیر

Tiger
ببر

Elephant
فیل

Giraffe
زرافه

✦ *A giraffe is the tallest animal on land.*
✦ زرافه بلندترین حیوان روی خشکی است.

Monkey
میمون

Bear
خرس

Kangaroo
کانگورو

Crocodile
تمساح

Camel
شتر

Zebra
گورخر

Wild Animals
حیوانات وحشی

Hippopotamus
اسب آبی

Panda
پاندا

Fox
روباه

Rhino
کرگدن

Deer
گوزن

Moose
گوزن شمالی

Wolf
گرگ

✦A moose is a great swimmer and can dive underwater to eat plants!

✦گوزن شمالی شناگر خوبی است و می‌تواند برای خوردن گیاهان زیر آب برود!

Squirrel
سنجاب

Koala
کوالا

✦A squirrel hides nuts for winter, but sometimes forgets where it put them!

✦سنجاب برای زمستان آجیل پنهان می‌کند، اما گاهی فراموش می‌کند کجا گذاشته است!

Gorilla
گوریل

Pets
حیوانات خانگی

Canary
قناری

◆ A frog can breathe through its skin as well as its lungs!
◆ قورباغه می‌تواند از طریق پوست و ریه‌هایش نفس بکشد!

Guinea Pig
خوکچه هندی

Frog
قورباغه

Hamster
همستر

Goldfish
ماهی قرمز

Dog
سگ

◆ *Some parrots can copy words and even laugh like a human!*
◆ بعضی از طوطی‌ها می‌توانند کلمات را تقلید کنند و حتی مثل انسان بخندند!

Cat
گربه

Parrot
طوطی

Animals at the Farm

حیوانات مزرعه

Cow

گاو

Chicken

مرغ

Duck

اردک

Sheep

گوسفند

Horse

اسب

Pig

خوک

Rabbit

خرگوش

Llama

لاما

✦*A goat can climb steep rocks and even trees!*

✦بز می‌تواند از صخره‌های تند و حتی درخت‌ها بالا برود!

Goat

بز

Peacock

طاووس

Turkey

بوقلمون

Animals in Water

حیوانات آبزی

Coral

مرجان

Octopus

اختاپوس

Dolphin

دلفین

Jellyfish

عروس دریایی

✦*An octopus has three hearts and can change colors to hide!*

✦اختاپوس سه قلب دارد و می‌تواند رنگ خود را برای پنهان شدن تغییر دهد!

Seahorse

اسب دریایی

Shark

کوسه

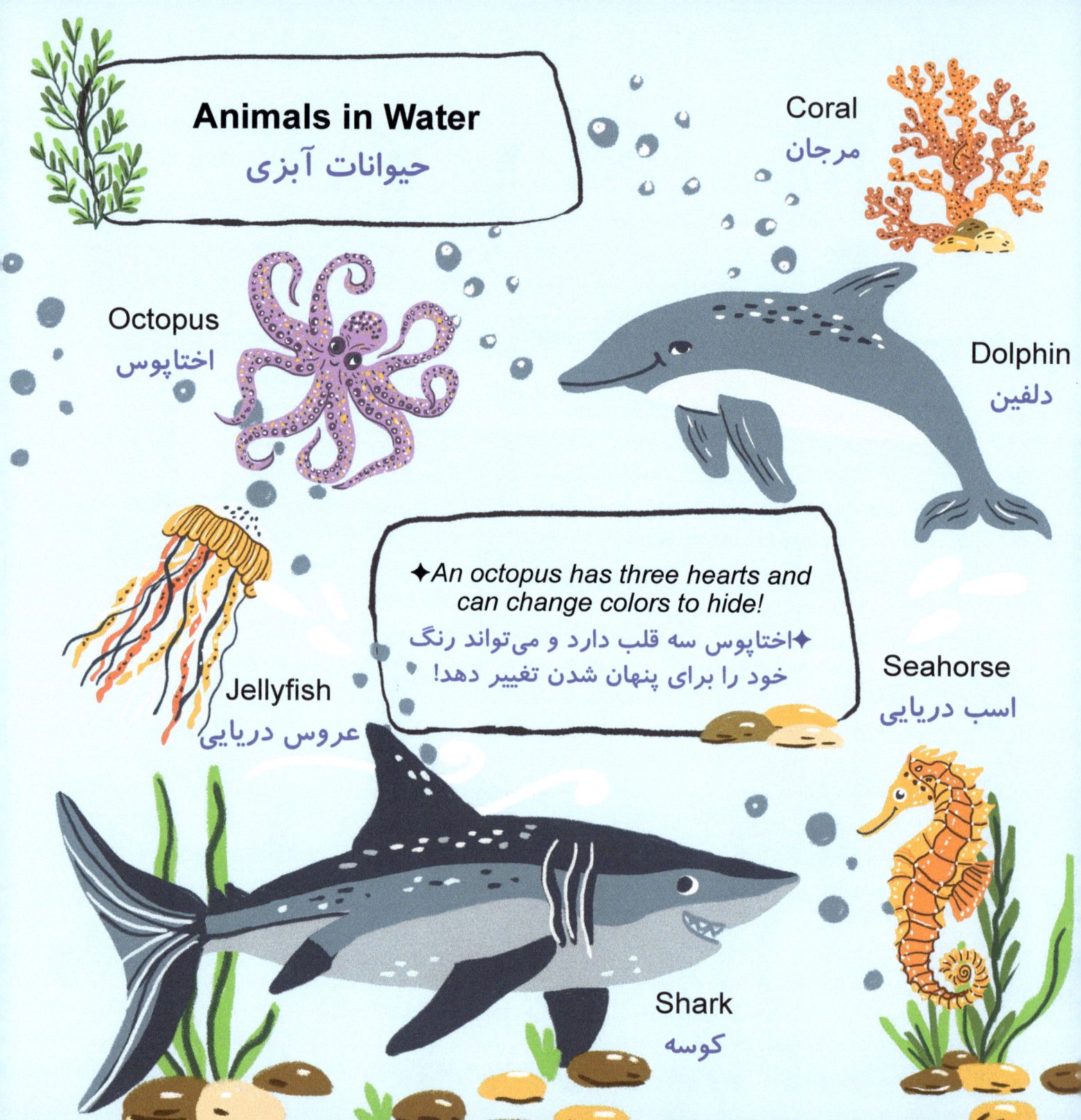

Lobster
خرچنگ دریایی

Walrus
گراز دریایی

✦A lobster has blue blood.
✦خرچنگ دریایی خون آبی دارد.

✦A seal can hold its breath for 30 minutes while diving underwater!
✦فُک می‌تواند تا ۳۰ دقیقه زیر آب نفسش را نگه دارد!

Seal
فُک

Crab
خرچنگ

Animals in the Sky

حیوانات پرنده

Woodpecker

دارکوب

Seagull

مرغ دریایی

✦*A hawk can spot a tiny mouse from high up in the sky!*

✦باز می‌تواند موش کوچکی را از ارتفاع بالا در آسمان ببیند!

Eagle

عقاب

Pigeon

کبوتر

Hawk

باز

Mosquito

پشه

Dragonfly

سنجاقک

✦A dragonfly was one of the first insects on Earth, even before dinosaurs!

✦سنجاقک یکی از اولین حشرات روی زمین بود، حتی قبل از دایناسورها!

Bee

زنبور

Butterfly

پروانه

Ladybug

کفشدوزک

Animals on Land

حیوانات روی خشکی

Grasshopper

ملخ

Snake

مار

✦*A snake smells with its tongue instead of its nose!*

✦مار با زبانش بو می‌کشد، نه با بینی!

Anteater

مورچه‌خوار

Worm

کرم

Caterpillar

کرم ابریشم

Badger

گورکن

Porcupine

تشی

Groundhog

موش خرما

✦*A lizard can grow a new tail if it loses one!*

✦مارمولک می‌تواند اگر دمش را از دست بدهد،
دمی جدید در بیاورد!

Lizard

مارمولک

Ant

مورچه

Magical Animals

حیوانات جادویی

Unicorn

اسب تک‌شاخ

Pegasus

اسب بالدار

Dragon

اژدها

Mermaid

پری دریایی

Wild Cats

گربه‌سانان وحشی

Puma

پوما

Lion

شیر

Cheetah

یوزپلنگ

✦*A cheetah is the fastest animal on land.*

✦یوزپلنگ سریع‌ترین حیوان روی خشکی است!

Lynx

سیاه‌گوش

Panther

پلنگ سیاه

Big Animals

حیوانات بزرگ

Whale

نهنگ

Walrus

گراز دریایی

Buffalo

گاومیش

Ostrich

شترمرغ

Hippopotamus

اسب آبی

Bison

بایسون

Small Animals
حیوانات کوچک

Chameleon
آفتاب‌پرست

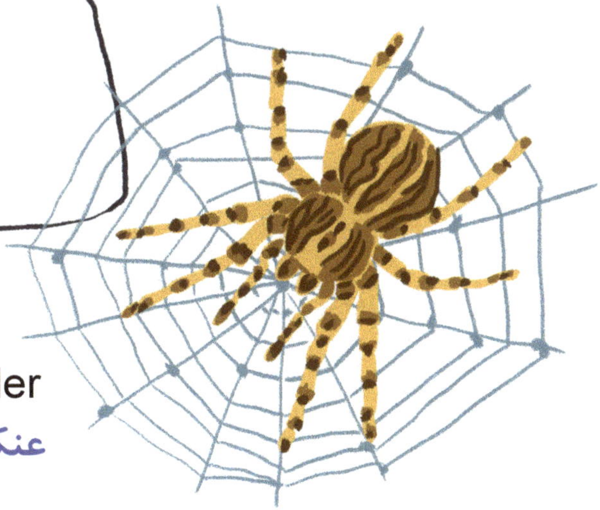

Spider
عنکبوت

✦An ostrich is the biggest bird, but it cannot fly!
✦شترمرغ بزرگ‌ترین پرنده است، اما نمی‌تواند پرواز کند!

Bee
زنبور

✦A snail carries its home on its back and moves very slowly.
✦حلزون خانه‌اش را روی پشتش حمل می‌کند و خیلی آهسته حرکت می‌کند.

Snail
حلزون

Mouse
موش

Quiet Animals
حیوانات آرام

Turtle
لاک‌پشت

Ladybug
کفشدوزک

✦ A turtle can live both on land and in water.
✦ لاک‌پشت هم در خشکی و هم در آب زندگی می‌کند!

Fish
ماهی

Lizard
مارمولک

Loud Animals

حیوانات پر سر و صدا

Donkey
الاغ

Rooster
خروس

Frog
قورباغه

Hyena
کفتار

Wolf
گرگ

Polar Animals
حیوانات قطبی

Seal
فُک

Orca
نهنگ قاتل

Puffin
طوطی دریایی

Reindeer
گوزن شمالی

Penguin
پنگوئن

Polar Bear
خرس قطبی

Jungle Animals
حیوانات جنگل

Orangutan
اورانگوتان

Panther
پلنگ سیاه

Toucan
توکان

Gorilla
گوریل

Iguana
ایگوانا

Anaconda
آناکوندا

Sloth
تنبل

Nighttime Animals
حیوانات شب‌زی

Firefly
کرم شب‌تاب

Badger
گورکن

Kiwi Bird
پرنده کیوی

Leopard
پلنگ

Hedgehog
جوجه‌تیغی

Owl
جغد

Bat
خفاش

✦An owl hunts at night and uses its hearing to find food!
✦جغد در شب شکار می‌کند و با شنوایی‌اش غذا پیدا می‌کند!

✦A firefly glows at night to find other fireflies.
✦کرم شب‌تاب در شب می‌درخشد تا کرم‌های دیگر را پیدا کند.

Raccoon
راکون

Tarantula
رتیل

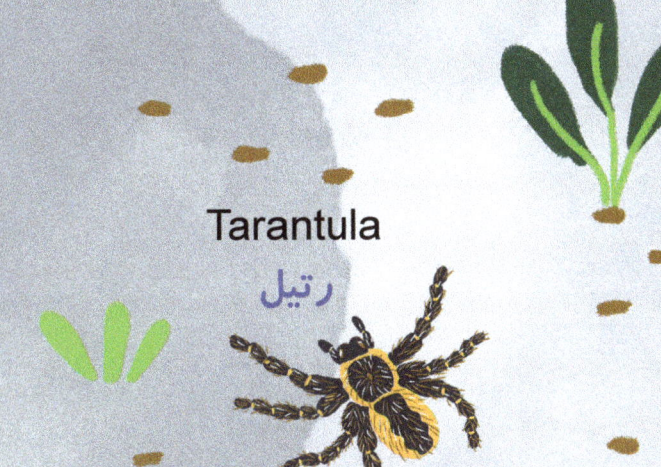

Colorful Animals
حیوانات رنگارنگ

A flamingo is pink
فلامینگو صورتی است

An owl is brown
جغد قهوه‌ای است

A swan is white
قو سفید است

An octopus is purple
اختاپوس بنفش است

A frog is green
قورباغه سبز است

✦ *A frog is green, so it can hide among the leaves.*
✦ قورباغه سبز است، پس می‌تواند بین برگ‌ها پنهان شود.

A polar bear is white

خرس قطبی سفید
است

A fox is orange

روباه نارنجی است

A koala is grey

کوآلا خاکستری است

A panther is black

پلنگ سیاه است

A chick is yellow

جوجه زرد است

Animals and Their Babies
حیوانات و بچه‌هایشان

Cow and Calf
گاو و گوساله

Cat and Kitten
گربه و بچه‌گربه

✦ A chick talks to its mother even before it hatches.
✦ جوجه حتی قبل از بیرون آمدن از تخم با مادرش صحبت می‌کند.

Chicken and Chick
مرغ و جوجه

Dog and Puppy
سگ و توله‌سگ

Butterfly and Caterpillar
پروانه و کرم ابریشم

Sheep and Lamb
گوسفند و بره

Horse and Foal
اسب و کره اسب

Pig and Piglet
خوک و بچه خوک

Goat and Kid
بز و بزغاله

www.ingramcontent.com/pod-product-compliance
Lightning Source LLC
LaVergne TN
LVHW072002060526
838200LV00010B/259